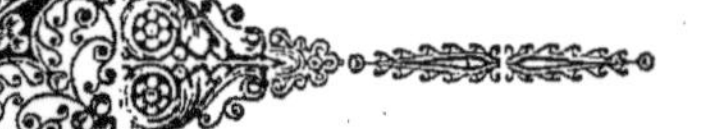

DE L'ALLIANCE

FRANCO-RUSSE

CONSIDÉRÉE

COMME RÉSULTAT DES AFFAIRES D'ORIENT,

PAR A.-J.-L. LEFRANÇOIS.

Nantes,

Imprimerie de Camille Mellinet.

1841.

DE L'ALLIANCE

FRANCO-RUSSE

CONSIDÉRÉE

COMME RÉSULTAT DES AFFAIRES D'ORIENT,

PAR A.-J.-L. LEFRANÇOIS.

DES TROIS PARTIS ENTRE LESQUELS LA FRANCE AVAIT A CHOISIR DANS LES AFFAIRES D'ORIENT.

La plus grave question de la politique du temps présent, celle qui émeut davantage tous les peuples de l'Europe, s'agite encore par des ressorts chaque jour nouveaux, plus compliqués, et menace la paix générale, si nécessaire à des institutions meilleures, par l'égoïsme téméraire de certains gouvernements et la fatale irrésolution qui dirige les actes de quelques autres.

Dans cette grande lutte d'intérêts puissants et si divisés, l'Occident et l'Orient ont eu le singulier spectacle d'une alliance monstrueuse, redoutable à la civilisation, de deux principes envahissants , opposés l'un à l'autre , cherchant à se tromper mutuellement. L'alliée *fidèle* d'une grande nation a travaillé à l'humiliation d'une renommée de gloire et d'honneur que les plus terribles revers n'avaient pu abattre.]Et, dans toutes les péripéties du drame politique qui s'est déroulé à la face du monde , il n'a été possible d'entrevoir que les symptômes les plus alarmants, parce qu'on a eu l'exemple de ce que l'inhabileté ou le mauvais vouloir pouvait laisser échapper, quand se présentaient les chances les plus favorables.

Sans rechercher aujourd'hui la nature des événements qui ont amené contre nous la conclusion du traité de Londres (réservant à un ouvrage plus important l'appréciation utile de ces faits préparés contre la France depuis longtemps) , il n'est pas étranger à mon dessein de dire et de répéter avec instance que des fautes graves ont été commises, qu'on a négligé nos véritables intérêts, et qu'il n'est pas de la dignité nationale d'accepter sans reproches des faits accomplis.

Il y avait trois partis à prendre : la raison pouvait les justifier et les défendre ; malheureusement, on ne savait ou on ne pouvait se décider à rien. Ignorants de ce qui se passait loin d'eux, n'écoutant que leurs passions mesquines, comment nos hommes d'état auraient-ils agi ?

Le parti qui convenait le mieux à la timidité d'un gouvernement indécis, énervé par les troubles civils, qu'il ne fut jamais assez sage pour prévenir à temps , par les intrigues des coteries qui déchirent la patrie et ne cessent de nous diviser, de nous désunir depuis dix années entières ; le parti qui convenait le mieux à la faiblesse, à l'irrésolution, c'était de signer le traité du 15 juillet. La France eût encore pu débattre les intérêts de son allié, abandonné depuis, et rendre moins onéreuse à Méhémet-Ali, l'exécution du traité de Londres. — Par là, nos propres intérêts, si intimement liés à ceux du viceroi , se trouvaient également défendus. Maintenir Méhémet-Ali sur le trône d'Egypte , n'est-ce pas inquiéter l'ambition de nos ennemis, la détourner de l'Europe vers l'Asie, et fixer la balance dont les plateaux fléchissent indécis ?

Un second parti, glorieux, grand, décisif, digne du nom français , reflet lumineux de la pensée du héros des temps modernes , eût été de considérer comme une offense la conclusion du traité de Londres et d'agir comme fait un grand peuple offensé. — Nous n'étions pas préparés à la guerre , disent-ils : Et les alliés ? Puis, notre supériorité incontestable sur la Méditerranée, nos forces sur cette mer, pour quoi les comptiez vous ? Il fallait écraser la flotte anglaise , au premier coup de canon qu'elle a tiré contre Méhémet-Ali. — Vous le pouviez : le brave amiral, dont vous redoutiez la valeur, quand vous auriez dû la favoriser et l'applaudir, vous l'a démontré ; son plan était magnifique et tout national : vous n'en avez pas voulu. — Il fallait agir, agir, frapper de grand coups ! On se fut expliqué ensuite, et au lieu de tergiverser, de parler sans se comprendre, afin d'être en mesure de bien raisonner avec tout le monde , il fallait rassembler en toute hâte 200,000 hommes **sur le Rhin** , 100,000 autres sur les Alpes et 50,000 aux environs de Toulon.

La flotte anglaise battue sur tous les points , nous restions longtemps les maîtres dans la Méditerranée ; et des croisières habilement dirigées contre le commerce anglais dans l'Océan, auraient ruiné, anéanti cet immense commerce et détruit ou au moins séparé de la métropole les colossales possessions de l'Angleterre, qui, disséminées sur toutes les parties du globe, sont si vulnérables par leur étendue même.

En agissant ainsi, nous aurions il est vrai servi la haîne de la Russie contre l'Angleterre ; mais puisque celle-ci nous trahissait, était lasse d'être notre amie, ne devions-nous pas nous venger avec éclat? D'ailleurs , il y a longtemps déjà que nous ne pouvons plus compter sur elle, et nous avons toujours dû nous attendre à être sacrifiés dès que nos intérêts se trouveraient en contradiction avec les siens. — Il fallait saisir l'occasion qui se présentait de renverser le prestige qui entoure la marine anglaise et qui, depuis 50 ans, la fait passer pour invincible. Nous le pouvions d'autant mieux que ce prestige fait sa seule force, et ce qui le prouve, c'est qu'elle a eu besoin de deux mois dans cet instant critique, où l'audace l'a si bien servie, pour porter de 12 à 16 le nombre de ses vaisseaux. — Loin de saisir l'occasion en lui portant un coup funeste, vous lui donnez du temps, sans profiter pour vous-mêmes de ce temps précieux.

On a pu craindre qu'une conduite si digne du nom français, en faisant battre bien des cœurs , n'eût exalté les têtes

et qu'ensuite il eût été difficile de les calmer et de maintenir cette fièvre de la nation dans de justes bornes. — Mais
les passions fermentent bien plus loin du danger qu'en sa
présence ; et la guerre à l'étranger est faite pour calmer les
discordes civiles. Bonaparte eût été moins conquérant, s'il
eût été plus sûr de la tranquillité intérieure : il l'a souvent
déclaré.

Du reste, il ne faut pas croire qu'une guerre générale
eût été la conséquence inévitable de cette manière d'agir.
Après le premier combat, les puissances étrangères se seraient sans doute hâtées de s'interposer comme médiatrices
pour rétablir la paix, et la France aurait aussitôt repris la
place qui lui appartenait, tandis qu'on eût vu disparaître
l'arrogant dédain de quelques cabinets de l'Europe.

Mais pendant tout ce temps, nos hommes d'état étaient-ils
capables de tenir le langage convenable, sans faiblesse comme
sans jactance, langage digne de gens qui, dans l'intérêt
du pays, savent agir à la fois avec concert, zèle et patrio-
tisme ?

Le troisième moyen consistait à nous renfermer dans notre
force, en évitant de nous compromettre par des paroles ha-
sardées. Par une pudeur facile à comprendre, on devait rappeler notre flotte, dès l'origine, pour ne pas la laisser spec-
tatrice, témoin volontaire, d'un combat qui se donnait sans
elle, contre sa volonté, à son détriment. Il fallait rappeler
aussi notre ambassadeur (on retire des ambassadeurs d'une
cour étrangère sans que la guerre en soit la conséquence
immédiate : mille exemples le prouvent) de Constantinople,
suspendre avec l'Angleterre des relations diplomatiques qui
ne pouvaient plus être pour nous qu'un état humiliant, hon-
teux. — Mais, encore une fois, c'eût été prendre un parti,
et l'on ne savait pas en prendre de quelque nature qu'il
fût. On disait bien tout haut des fanfaronnades et des paroles hardies, on criait à toute l'Europe qu'on armait contre
elle ; mais ce grand bruit ne devait rien produire.

POLITIQUE INDÉCISE DU CABINET FRANÇAIS. — CE QUI EN
EST RÉSULTÉ.

La politique de la France depuis longtemps consiste à

temporiser, à suivre un système de tâtonnement déplorable, dont on voit dans le moment présent la funeste conséquence. — Nous traînons notre existence politique au jour
le jour, souvent même sans nous soumettre aux événements
que nous ne sommes pas assez habiles pour dominer. C'est
ce qui s'est manifesté évidemment dans la crise actuelle ;
et, pour ne pas faire de suppositions plus graves, il faut pen-
ser que c'est la difficulté des circonstances qui seule a maî-
trisé la conduite de la France.

Au reste, pour rendre la justice à qui elle appartient,
Méhémet-Ali a montré une grande imprévoyance et une audace exagérée en célant même à ses amis son impuissance. Il
parlait de passer le Taurus, de marcher sur Constantinople,
et il n'a pas su défendre la Syrie contre les forces improvi-
sées des Anglais ; il n'a pas su prévoir et neutraliser la cor-
ruption employée par la perfide nation d'Outre-Mer.

Mais les fautes de notre allié, s'il en a commis, n'excu-
sent pas les nôtres, et peut-être faut-il nous en attribuer
l'origine.

On s'est borné en France à laisser faire, et il en est résulté
que le traité de Londres a eu son entier accomplissement.
— Nous verrons, plus loin, si les deux grandes puissances ri-
vales sont arrivées et pouvaient arriver au but qu'elles se
proposaient.

L'existence politique de Méhémet-Ali est compromise, si-
non détruite (1). Et nous avions le plus grand intérêt à lui
conserver sa puissance.

Les Anglais enfin sont en Syrie. Ils voulaient établir leur
suprématie en Egypte et en Syrie, se frayer une voie plus
courte pour communiquer avec l'Inde, s'en assurer la pos-
session ; augmenter leur influence en Perse, en écarter toute
concurrence. — Ne sont-ils pas en pleine voie de succès ?

Le cabinet anglais a eu plus d'habileté que nous ne pensions
il y a quelques mois ; il a su dominer les événements que la
Russie avait primitivement préparés ; mais si cette puissance
s'est trompée dans ses calculs, elle n'a pas commis de faute

----

(1) Abandonné de la France, il va subir l'influence de l'Angleterre ;
qu'il se défende autant qu'il le pourra de cette influence funeste qui
doit causer sa perte.

qui ne puisse être réparée, et ce sera peut-être aux dépens de l'Angleterre.

DES INTÉRÊTS DE L'ANGLETERRE ET DE CEUX DE LA RUSSIE, SE CONTRARIANT SUR TOUS LES POINTS.

J'ai montré ailleurs quel était l'intérêt de la puissance anglaise dans la question orientale : je crois utile de le développer ici.

Le commerce et l'industrie (aux dépens de la moralité et de l'agriculture dont on se préoccupe trop peu, parce qu'on a tout rendu vénal et qu'on n'estime que ce qui procure, dans le plus bref délai, l'argent ou le crédit qui le représente), sont la source de la richesse des nations; et, comme l'or fait la plus grande force des rois et des gouvernements, chaque pays cherche à s'assurer cette richesse, sans laquelle un état ne compte pour rien de nos jours.

Convaincue de cette vérité, plus qu'aucune autre nation, l'Angleterre ne néglige rien pour assurer des débouchés à toutes ses industries; elle s'étend, s'étend sans cesse, aspire au monopole universel, et sacrifie l'intérêt de chacun pour y arriver. — C'est le *moi commercial* personnifié : c'est l'immoralité représentée par tout un peuple; c'est la misère de tous pour la fortune de quelques-uns; c'est un habile et en même temps un infâme système. L'aveuglement de toutes les nations éblouies par le prestige doré qui environne l'Angleterre, l'audace inimaginable de celle-ci, son intelligence, l'unité de son but, tout la favorise dans ses desseins : elle surmonte tous les obstacles avec de l'or, pour extorquer de l'or.

Se confiant à la grandeur de ses ressources, à l'activité des ressorts qu'elle met en jeu, à l'intelligence de ses agents, dont l'habileté centuple l'action première; tout semble lui réussir. — Ses immenses capitaux, son crédit plus grand encore, lui permettent d'acheter à bas prix les matières premières; et, par la perfection de son travail, la supériorité de ses machines, ce peuple industrieux et actif a l'avantage sur tous les marchés du Nouveau-Monde. Par l'astucieuse habileté de son cabinet, il domine toute la Péninsule Ibérique. Maître du littoral de l'Afrique, si l'on en excepte,

dans la Méditerranée , l'Algérie (dans ce pays même , ses
denrées sont préférées aux nôtres) , il envoie les produits
de ses fabriques sur cette vaste ligne, et y conserve le monopole exclusif du commerce. Il domine (depuis quelque
temps) en Arabie, dans la Mer Rouge, à Aden , à Mascate;
dans le golfe persique; et, sur le littoral de la Perse, jusqu'aux bouches de l'Indus, il s'est emparé de toutes les po-
sitions maritimes de quelque valeur. Par ce moyen, il balance
l'influence russe, et, sur ce point, les deux nations se
trouvent singulièrement en désaccord de vues et d'intérêts.

Le peuple anglais, maître du cours de l'Indus, de l'Afghanistan, du royaume de Lahor, de toute l'Inde et d'une
partie du pays des Malais, ne laisse pénétrer dans ces ri-
ches et vastes contrées que les produits de ses fabriques,
dont il assure la prospérité aux dépens de celles de tous les
autres peuples de l'Europe. — La Russie, en contact avec
l'Inde, n'y trouve plus aucun débouché, depuis les derniers
envahissements de la puissance anglaise.

Fidèle à son système, l'Angleterre a voulu s'assurer de la
Syrie, pour pénétrer plus facilement dans l'Inde par l'Eu-
phrate et la Mer-Rouge. Toute la question d'Orient , pour
elle , était là.

La Russie voulait tenter un pas de plus en Arménie; augmenter sa prépondérance en Perse, aux dépens de son alliée;
trouver dans ce pays des débouchés pour les produits de ses
manufactures qui regorgent de marchandises , dont la perfection pourrait rivaliser avec celles de l'Angleterre, et qu'elle
livrerait à des prix moins élevés ; et , par cette prépondérance , se frayer un chemin facile vers l'Inde. A ce moyen,
elle pourrait en outre inonder de ses produits l'Afghanistan,
le pays des Sindhs (si antipathiques aux Anglais) et le
royaume de Lahor, où le nom français est si révéré.

Les manufactures du nord de l'empire russe et celles du
nord de l'Allemagne peuvent encore, en traversant la Si-
bérie, s'écouler, à grands frais, vers la Chine ; mais cette
ressource va leur manquer. N'est-elle pas menacée par les
odieuses prétentions élevées par les Anglais pour soumettre
à leur monopole le commerce du céleste empire?

Cependant, la Russie vient de s'unir à l'Angleterre,
espérant, comme je l'ai dit ailleurs, tromper cette puissance. Le plan de la Russie était habilement calculé, et si
l'Angleterre n'a pas succombé, elle le doit aux hésitations
de la France, si difficiles à prévoir.

L'alliance n'était sincère ni d'un côté ni de l'autre. Tout a souri d'abord aux Anglais ; mais les Russes sont patients et savent attendre. Ils savent cacher un revers de fortune sous l'apparence du désintéressement et de la loyauté : seulement, ils gardent devers eux quelque pensée secrète, favorable à leurs desseins, à l'exécution desquels ils ne renoncent que difficilement.

QUE LA FRANCE SACHE UNE FOIS PROFITER DES CIRCONS- TANCES FAVORABLES QUI SE PRÉSENTENT À ELLE

Nous serions heureux, si nous avions aussi nous cette profondeur de vue et cette persistance vers un but arrêté auquel nous pourrions rattacher toutes nos espérances ; et, si l'on vient à se remettre en mémoire ces paroles remarquables d'un député (M. Jouffroy) : « Il faut que la France joue un » rôle digne d'elle dans la question d'Orient ; il ne faut à » aucun prix que le règlement de ces grands intérêts la fasse » tomber du rang qu'elle occupe en Europe. Elle ne sup- » porterait pas cette humiliation, et le contre-coup intérieur » pourrait être périlleux ; » si l'on se rappelle ces paroles, disais-je, on se demande avec douleur pourquoi elles n'ont pas été écoutées, et l'on craint de voir se réaliser la prédiction qui en complète l'énergie. — Notre rôle n'a point été maintenu ; et peut-être sommes-nous chancelants sur les degrés de l'échelle où nous étions justement montés si haut. Craignons d'arriver un jour à cette réaction intérieure qui serait la conséquence inévitable de l'humiliation et de l'abaissement de la France.

En face d'un présent, et d'un avenir qui semble déplorable pour nous, parce qu'il a été soumis à l'influence d'événements que nous n'avons pas su maîtriser, comme les deux puissances dont je viens de parler, on doit rechercher s'il n'existe pas quelque mode d'agir propre à ramener notre considération qui pourrait s'éloigner, et à constituer enfin sur des bases solides, une politique française forte et stable.

Non, le peuple qui a revu l'ombre du grand capitaine qui présida si longtemps à sa gloire, ne peut voir diminuer sa puissance et renoncer à son honneur ni à cette gloire. Napoléon veille maintenant sur la France, et l'on doit sou-

ger à l'exécution de quelqu'un de ces grands, de ces sublimes
desseins qui nous relèverait aux yeux du monde. — L'honneur français n'a pas été enseveli dans le tombeau des
Invalides; mais il faut se hâter, et savoir profiter des circonstances favorables où le destin, malgré notre imprévoyance, veut bien nous placer, entre les autres nations.

LA FRANCE DOIT-ELLE DÉSIRER LA RUPTURE DE L'ALLIANCE
CONTRE-NATURE ANGLO-RUSSE.

Nous venons de voir dans quelle situation les deux puissants alliés de Londres se trouvaient placés vis-à-vis l'un de
l'autre. Les immenses envahissements commerciaux de l'Angleterre, contrariant partout l'ambition moscovite, ont pris
un caractère nouveau de stabilité par la voie nouvelle qui
leur est ouverte à travers la Syrie; tandis que la Russie attend une occasion nouvelle de reconquérir une influence qui
peut lui échapper. N'y a-t-il pas principe de division et de
discorde prêt à éclater entre l'Angleterre et la Russie? La similitude de leurs intérêts les empêche d'avoir communauté
de vues: l'alliance qui ne reposa jamais que sur une base
sapée dans son fondement, n'existe pas dès son origine, et
doit nécessairement se dissoudre. Les événements qui peuvent
amener cette rupture, ne tarderont pas à se manifester.

Devons-nous les désirer ?

L'Angleterre, depuis long-temps, ne nous traitait plus en
amis. Isolés par les circonstances du reste de l'Europe, et
réduits à cette alliance, l'Angleterre a trouvé moyen de nous
isoler encore davantage des puissances secondaires qui s'étaient ralliées à nous: nous restions seuls en présence
d'Albion qui espérait nous humilier. — Carthage offensait
Rome partout où elle rencontrait ce pavillon dont la vue lui
était odieuse. Carthage arrogante, hautaine, a voulu nous
pousser à bout, rompre en visière à nos intérêts, insulter à
notre honneur, manifester hautement ses désirs envahissants. Ecrions-nous avec le sage sénateur romain: *Delenda
est Carthago.*

Assez et trop long-temps, nous avons subi l'alliance de
l'Angleterre: il faut en finir avec cette puissance.

La Russie serait sans doute disposée à unir ses armes à

celles de la France pour soustraire la Syrie au joug de l'Angleterre ; ces deux nations , agissant de concert et dans un intérêt commun , réussiraient certainement et pourraient dominer la Perse ; créant ensuite sur la mer Caspienne une marine appropriée au peu de profondeur et aux tempêtes de cette mer, la Russie , secondée par son nouvel allié , la France , se frayerait , par le sud-ouest de l'Afghanistan et à travers le Moultan , une route facile jusqu'à Delhi , et détruirait au cœur de l'Inde le prestige de la puissance anglaise.

ALLIANCE FRANCO RUSSE.

Mais l'alliance franco-russe est-elle possible nonobstant les préventions du tsar contre les principes de notre révolution et notre éloignement , depuis un demi siècle , pour les dogmes de l'absolutisme ? (Oui , car elle est dans l'intérêt de la France et plus encore dans l'intérêt de la Russie ; et, si le gouvernement représentatif déplait dans cet empire , il est une nécessité chez nous , de même que l'exercice du pouvoir absolu est de rigueur pour maintenir l'unité russe. Les avantages sont réciproques : travaillons à établir cette union des deux peuples qui fut le rêve que Napoléon ne put réaliser.) — Et qu'on ne nous reproche pas d'avoir dit au mois de septembre dernier, dans des circonstances différentes et pour ainsi dire opposées aux circonstances actuelles, que nous ne pouvions pas chercher à établir cette alliance, que l'Angleterre ne pouvait le craindre pour la solution de la question égyptienne seule : il n'existe aucune espèce de contradiction dans ce fait , facile du reste à expliquer.

Jamais je n'ai pensé que pour le fait particulier de l'Orient, la France pût s'entendre avec la Russie, parce que seule elle aurait retiré avantage de notre alliance, et que nous n'aurions pu compenser en rien la prépondérance que nous lui

(1) Voir l'appendice.

eussions accordée. {On ne doit pas se le dissimuler, les alliances, dites de principes, sont illusoires : il n'y a de stable, en véritable diplomatie, que celles qui se fondent sur l'intérêt réciproque des puissances contractantes.] Nous prenons aujourd'hui, bon gré mal gré, l'envahissement de la Syrie comme un fait constant; et, réfléchissant sur le peu de foi que nous pouvons accorder à une alliance anglaise; partant surtout d'un point de vue plus général, nous sommes disposé à examiner s'il n'y a pas plus de chance et de profit pour l'avenir de la France, à contracter une alliance russe (1), qu'à chercher la reconstitution de celle de l'Angleterre (2), pour revenir peut-être avant peu au même résultat qu'hier après dix ans.

Sous ce dernier rapport, aux yeux des gens sensés, l'alliance anglaise est à jamais impossible le *delenda est Carthago* doit être sans cesse et partout répété.

L'alliance avec la Russie n'est plus une question de faits particuliers, de simple intérêt, comme elle eût été pour résoudre la question d'Orient, c'est une pensée d'avenir, d'intérêt plus compliqué, plus général.

L'alliance avec la Russie n'aurait plus pour but de traiter des destinées du sultan et du pacha, mais de réduire l'orgueil britannique, d'humilier cette arrogance aristocratique.

AVANTAGES QUE LA RUSSIE, LA FRANCE ET LE RESTE DE L'EUROPE RETIRERAIENT DE L'ALLIANCE FRANCO-RUSSE.

Avant de parler des avantages immédiats que nous voudrions retirer pour la France de cette union qui semble

---

(1) La Russie, par sa position géographique, les progrès de sa civilisation, l'état de ses fabriques, la direction nécessaire à ses débouchés, se trouve l'alliée naturelle de la France : c'est un fait constant dans tous les traités de droit public.

(2) L'Angleterre, par sa position géographique, la rivalité existant entre toutes ses industries et celles de la France, et une longue antipathie, se trouve l'ennemie naturelle de la France : il n'y a pour s'en convaincre qu'à ouvrir l'histoire.

bizarre, parce qu'on ne s'est pas accoutumé à envisager les choses sous ce nouveau point de vue, je dirai quels seraient, pour la Russie et pour l'Europe, les avantages de cette alliance.

La Russie, dans la lutte où nous l'aiderions de toute notre force matérielle, de toute notre force morale, s'enrichirait des dépouilles de l'Angleterre; trouverait une direction au débordement nécessaire à ses peuplades remuantes, nomades et demi-nomades, rencontrerait, dans ces pays du sud-est, nouveaux pour elle, les habitudes et les mœurs les plus faciles à plier, à assimiler à celles qui sont nécessaires pour l'existence de son gouvernement. Le tsar pourrait bientôt étendre sa prépondérance sur la plus riche moitié du globe, sans que ce fût en rien au détriment des puissances européennes qui respireraient à l'aise, délivrées des prétentions de l'Angleterre à la domination universelle. — Le tsar rouvrirait enfin en Asie les débouchés indispensables aux produits des fabriques de son empire, objet prédominant de ses préoccupations politiques (1), et il aurait un moyen de reconquérir les sympathies européennes que la crainte de ses envahissantes pensées éloigne constamment du nom russe.

L'Europe verrait disparaître toutes les appréhensions, par ce débordement définitif de la puissance russe vers le sud-est. Le centre de l'Allemagne, les provinces du Rhin et du Danube prendraient une importance commerciale immense par la jonction de ces deux fleuves, et par l'établissement de la grande voie civilisatrice qui mènerait si rapidement dans l'Inde (2), et qui serait pour l'Europe une nouvelle garantie de paix et de prospérité.

Secondé par l'Europe, le tsar sentirait qu'il doit au puissant secours qu'elle lui prêterait une garantie, une sorte de digue pour empêcher à jamais le torrent asiatique de prendre cours de son côté.

Ce projet sera-t-il condamné sans examen, je ne puis le croi-

---

(1) Voir *la Russie, Khiva, l'Angleterre et la Pologne.*
(2) Voir l'Appendice.

re : l'exécution n'en est pas chimérique ; la réflexion, l'étude approfondie, doivent confirmer cette idée. — On ne peut nier qu'il ne soit grand et glorieux pour la France d'humilier d'un côté et d'abattre l'orgueil et la puissance de la nation la plus antipathique à nos intérêts. Renverser l'ennemi qui nous a fait tant de mal ; abandonner, repousser de notre sein, pour toujours, l'alliée qui nous a tant de fois trahis ; renverser et détruire le monopole exclusif, effrayant, d'un commerce immense, qui ruine tous les peuples civilisés et abrutit davantage les peuples ignorants des bienfaits de la lumière intellectuelle ; confondre l'injustice, la jalousie, l'égoïsme social d'une nation qui se met au-dessus du droit des gens, et qui en donne aujourd'hui un exemple odieux dans le céleste empire et dans l'Orient : il n'y a, dans tous ces desseins, rien que de raisonnable et de juste. — D'un autre côté, aider un grand peuple à prendre une direction avantageuse à son industrie, avantageuse au débordement de son ambition, en sachant ménager des intérêts chers à l'Europe, est encore raisonnable et juste. — Rétablir et maintenir enfin, un juste équilibre entre tous, de l'influence morale, civilisatrice, commerciale et industrielle : ces divers résultats sont assurément assez beaux pour qu'on essaie de les atteindre, et nul ne saurait les contester.

La réalisation de ces desseins peut sembler difficile, la solution dépendant des ressources morales, agricoles, commerciales, industrielles, financières, matérielles enfin, de chaque peuple en Europe.

Il serait nécessaire de jeter un coup-d'œil rapide sur les états orientaux, si intimement liés à la question, et de cette étude historique, politique, géographique et morale résulterait la preuve de l'efficacité des moyens à employer :

On verrait que l'établissement de cette route nouvelle du Rhin à l'Inde, que j'ai déjà plus d'une fois indiquée, serait la veine vivificatrice de ce nouveau système politique, et les avantages que je viens d'énumérer, ressortiraient plus évidents encore de cet immense tableau.

APPENDICE.

Nous avons dit au mois de septembre dernier :

Que l'intégrité, la force et la puissance de l'empire ottoman étaient nécessaires à un juste équilibre entre les puissances européennes, etc. — Et que, dans son état de désorganisation, son intégrité et son indépendance ne pouvaient être maintenues que par Méhémet-Ali ;

Que la Russie est préparée à la guerre, puisqu'elle a de nombreuses armées, des colonies militaires destinées à en doubler la valeur effective ; qu'elle est dirigée d'ailleurs par un tsar dont le génie actif ne reculera devant aucune difficulté, dont l'habileté et la puissance savent faire naître les chances favorables, qui désire voir aux prises la marine de l'Angleterre et celle de la France, afin d'établir la supériorité de la sienne sur les débris des deux autres ; qui désire enfin voir toute l'Europe en feu pour la dominer plus aisément ;

Que l'Angleterre veut faire rétrograder le reste de l'Europe vers les ténèbres du moyen-âge, au lieu de la laisser jouir des douceurs de la paix, au moyen de laquelle la civilisation, les arts, l'industrie, font d'immenses progrès ;

Qu'il serait de l'intérêt de la Prusse, de l'Autriche et de la France de rester unies et spectatrices du conflit que préparent et que veulent faire naître la Russie et l'Angleterre ;

Que l'Autriche, l'Allemagne et l'Europe entière doivent s'occuper à perfectionner encore la navigation du Danube ; à bien consolider cette voie de communication du Rhin à la mer Noire, qu'elles devront prolonger à travers cette mer, et au-delà par le Phase ; lui faire franchir le col qui sépare l'Elbrouse de l'Ararat ; suivre le Kour (Cyrus des anciens) jusqu'à la mer Caspienne ; traverser ensuite cette mer, arriver aux confins de la Perse, de la Tatarie et de l'Afghanistan. Ici elle trouve un chemin facile, fréquenté des caravanes, qui conduit à Méched, Hérat ; puis elle passe près de Candahar, franchit sans difficulté le col de Belon entre Navari et Bibec-Nani, traverse l'Indus, et arrive à Delhi par le Moultan. — Elles doivent, avons-nous dit, s'occuper à perfectionner et à étendre cette grande voie de communication, parce qu'elle accroît immensément leurs richesses et la valeur de leur territoire : la paix leur en fournit les moyens, la guerre les en empêche.

———

Dans la supposition actuelle d'une action simultanée de la France, de l'Europe continentale et de la Russie, l'armée russe de l'Arménie, agissant d'accord avec la France, en Syrie, la conquête de la Perse et de l'Inde est assurée.

Nantes, ce 15 décembre 1840.

NANTES, IMPRIMERIE DE CAMILLE MELLINET. — 32,389.

A. BARRE.
 RORRET.